Del trabajo a la escuela

EDICIÓN PATHFINDER

Por Shirleyann Costigan

CONTENIDO

Del trabajo a la escuela

Por Shirleyann Costigan

Niños operando máquinas en una fábrica de tejidos de algodón alrededor de 1910.

¿Qué significa "trabajo" para ti?

Tal vez significa hacer algunas tareas como limpiar la casa, lavar los platos, sacar la basura. Quizás significa ganar dinero para gastarlo como quieras. Sea lo que sea, seguramente hay momentos en los que desearías no tener que hacerlo. Puede que los adultos te digan que el trabajo es una parte necesaria del proceso de crecer y de generar aptitudes provechosas y que desarrolla el sentido de responsabilidad y enseña el verdadero valor del dinero. Es absolutamente cierto, pero ningún niño quiere trabajar todo el tiempo.

Sin embargo, los niños siempre han trabajado en los Estados Unidos. Los niños trabajaban en las granjas, los campos, las tiendas y las **fábricas** a la par de los adultos. No siempre el trabajo era algo malo para ellos, pero a veces sí lo era. Muchos niños trabajaban largas horas por un escaso **salario** o por nada. A veces, las condiciones insalubres del lugar de trabajo les provocaban enfermedades. Existe un nombre para este tipo de trabajo: se llama "trabajo infantil".

Las leyes en los Estados Unidos **protegen** a los niños para que no sean explotados, o se aprovechen de ellos para beneficio de otro. Hoy en día, las leyes de trabajo para menores limitan la cantidad de horas que pueden trabajar los niños. Además, estas leyes exigen a los **empleadores** proveer condiciones seguras y salarios justos para los niños trabajadores.

Aunque resulte difícil de creer, no siempre existieron estas leyes en los Estados Unidos. Y donde existían, solían ser pasadas por alto.

En aquellos tiempos, la infancia era muy diferente de lo que es ahora para los niños en los Estados Unidos.

Estados Unidos, un país en constante evolución

A principios del siglo XIX, Estados Unidos seguía siendo un país básicamente rural; la mayoría de las personas vivía fuera de las grandes ciudades. Los niños que vivían en granjas o pequeñas ciudades, estaban acostumbrados a trabajar. Algunos ayudaban en el campo. La mayoría ayudaba en las tareas cotidianas del hogar. Los niños de la ciudad solían trabajar medio día en la empresa familiar. A los niños no se les pagaba por su trabajo. Trabajaban para colaborar con el bienestar de la familia. Como los padres eran a su vez los empleadores, nadie vio la necesidad de que hubiera leyes para proteger a los niños trabajadores.

Durante el siglo XIX, las máquinas comenzaron a reemplazar el trabajo manual a través de un proceso llamado industrialización. Este proceso dejó a muchas personas sin empleo, por lo que emigraron a ciudades y pueblos más grandes para encontrar trabajo. Las familias más pobres fueron a trabajar a las grandes fábricas. Sus empleadores eran los jefes de las fábricas. El objetivo de estos jefes era lograr la mayor ganancia posible. Para aumentar las ganancias, los jefes necesitaban mano de obra barata, y las mujeres y los niños eran los trabajadores más baratos que podían contratar.

Una niña ayuda en la cosecha de papas.

Adolescentes que trabajaban en grandes
máquinas en las fábricas de tejidos.

Fursen Owens a los doce años.

Los niños en el trabajo

Los niños de entre cinco y dieciséis años
trabajaban en muchos lugares, pero
especialmente en fábricas. Podían trabajar
de doce a dieciocho horas, seis días a la
semana. Por todo ese trabajo les pagaban
un dólar, a veces incluso menos todavía.
Los más pequeños solían trabajar junto a su
madre para ganar un poco más de dinero,
por lo que se les pagaba algunos centavos por
día. Los niños trabajadores no se quedaban
con el dinero. Cada centavo que ganaban
ayudaba a mantener a su familia.

A los niños más grandes se les daba
tiempo libre para ir a la escuela, pero por
lo general estaban muy cansados para
aprender y no tenían tiempo para estudiar.
Muchos niños ni siquiera iban a la escuela.
Fursen Owens, de doce años, había estado
trabajando durante cuatro años. No sabía
leer ni conocía las letras del abecedario.
"Sí, quiero aprender", decía, "pero no puedo
si estoy todo el tiempo trabajando".

A menudo las condiciones eran insalubres
en las fábricas, por lo que los niños se
enfermaban. Muchos murieron jóvenes.
Además, trabajar cerca de grandes máquinas
podía ser peligroso. Los niños se lastimaban e
incluso morían, pero el trabajo seguía.

No sólo las fábricas empleaban niños. Los
niños también trabajaban en minas de carbón,
en la industria pesquera, vendiendo periódicos
en las esquinas o haciendo flores de papel en
casa para vender en la calle. Niños de apenas
tres años trabajaban en sus apartamentos de un
solo ambiente, ayudando a sus madres a coser
botones en las prendas para los fabricantes
de ropa. Los hermanos y hermanas mayores,
que iban a la escuela, regresaban a casa y
cosían ropa hasta altas horas de la noche para
ganar unos centavos más para su familia. Sin
importar el trabajo que hicieran, los hijos de
familias pobres trabajaban muchas horas por
muy poco dinero. Su salud y educación se
resentían.

5

Estudiantes en el frente de una escuela común.

Dos niñas caminan a la escuela.

La escuela y los juegos

Cuando Estados Unidos todavía era en su mayor parte un país de granjas familiares, los jóvenes rara vez terminaban la secundaria. En las zonas rurales, los niños iban a la escuela únicamente cuando no estaban trabajando en el campo. Las escuelas a las que iban se llamaban escuelas comunes. Las escuelas comunes se solventaban con donaciones de los padres o impuestos estatales. Los niños de seis a dieciséis años estudiaban en el mismo salón y el mismo maestro enseñaba a todos. Los estudiantes no tenían libros, ni lápices ni papel; sólo una pizarra y una tiza.

En el siglo XIX no había mucho tiempo para jugar. Cuando no estaban en la escuela, los niños trabajaban o ayudaban en la casa. Las tareas, desde hornear el pan a bombear agua del pozo, debían hacerse todos los días. Los juguetes eran sencillos, hechos a mano y se pasaban de hermano mayor a hermano menor. Los libros eran una rareza y se leían a la luz de una vela.

Vocabulario

empleador: persona o empresa para la que trabajas

fábrica: gran edificio donde las personas usan máquinas para producir mercancías

ganancia: cantidad de dinero que obtienes cuando vendes algo por más de lo que cuesta

proteger: cuidar que algo o alguien no se haga daño ni se vea perjudicado

salario: el dinero que te da tu empleador por el trabajo que has hecho

Escuelas públicas y parques

A principios del siglo XX, Estados Unidos sufrió una transformación. Los nuevos inventos, como el teléfono y la luz eléctrica, hicieron la vida más fácil. También cambió la vida familiar, a medida que más familias comenzaron a trabajar y vivir en las ciudades.

Al mismo tiempo, cambiaron las posturas respecto a los niños. Los líderes de la Iglesia y ciudadanos comprometidos comenzaron a quejarse de las condiciones laborales de los niños. Se dieron cuenta de que los niños que trabajaban recibían poca educación o directamente ninguna. La gente empezó a tomar conciencia de que la educación convertiría a los niños en mejores ciudadanos y mejores trabajadores. Por lo tanto, quedaba claro para ellos que todos los niños, incluso los más pobres, necesitaban trabajar menos e ir más a la escuela. Esta era una idea absolutamente innovadora.

Las escuelas públicas, administradas por el Estado, reemplazaron a las pequeñas escuelas comunes. En las escuelas públicas se separaba a los estudiantes por grados, según su edad. Cada grado tenía su propio salón de clases. Era más fácil conseguir cuadernos, pero la mayoría de los estudiantes aún usaba una pizarra y tizas. Se extendió el año escolar a seis o incluso nueve meses. La disciplina era muy estricta. Los niños no se animaban a divertirse en la escuela.

La jornada escolar nunca tenía recreo, pero cada vez había más parques y campos de recreación que facilitaban el acceso al juego. Los juguetes fabricados, como los trenes en miniatura, los ositos de peluche, las piezas de madera Lincoln Logs, los lápices de colores y las bicicletas, se volvieron muy populares.

Los organismos públicos también protegían los intereses de los niños. La Asociación Cristiana de Jóvenes (YMCA, por sus siglas en inglés) abrió gimnasios y brindó clases gratis de natación para niños varones. Más adelante, comenzó a aceptar el ingreso de niñas en su organización. La organización Boy Scouts of America (Niños Exploradores de EE.UU.) inauguró su primera sede en 1910. Pronto aparecieron otros grupos de niñas y niños exploradores. El propósito de estas organizaciones era contribuir a que los jóvenes se convirtieran en adultos sanos y humanitarios.

Finalmente en 1938, el Congreso de los Estados Unidos aprobó leyes laborales justas a nivel nacional. Estas leyes limitaban la cantidad de horas que podía trabajar un niño. También exigían a los empleadores que pagaran a los niños un mínimo de veinticinco centavos la hora. (En aquella época, veinticinco centavos alcanzaba para comprar dos boletos de cine y una caja de palomitas de maíz.) Para mantener a los niños alejados de lugares de trabajo peligrosos, las leyes restringían las clases de trabajo que un niño podía tener. Muy pronto, disminuyó la cantidad de niños que trabajaba a tiempo completo y aumentó la cantidad de niños que asistía a la escuela. En aquel tiempo, todos los niños de ocho a catorce años debían asistir a la escuela. Estas leyes siguen vigentes hoy en día.

Niños jugando a las canicas en la década de 1920.

Del trabajo a la escuela
EN TODO EL MUNDO

Por más que cueste creerlo, en el mundo todavía hay más de 200 millones de niños que trabajan largas horas en condiciones insalubres. Más de 90 millones tienen menos de doce años. Pero la buena noticia es que estas cifras no son tan altas como solían serlo antes. Estas cifras siguen disminuyendo gracias a que organizaciones, personas compasivas y niños como ustedes están logrando cambios.

"La voz más valiente puede vivir en el cuerpo más pequeño". Esto es lo que aprendió Craig Kielburger, de doce años, cuando leyó acerca de Iqbal Masih. Iqbal, de doce años, nació en el sur de Asia. Comenzó a trabajar a los cuatro años, junto con otros niños, en una fábrica de alfombras. Pasó seis años tejiendo alfombras para un empleador cruel. Cuando dejó de trabajar allí, Iqbal fue asesinado por hablar en público en contra del trabajo infantil.

Craig quedó tan perturbado por esta historia que decidió ayudar a niños como Iqbal. Organizó un grupo de compañeros. Firmaron petitorios en contra del trabajo infantil y los enviaron por fax a líderes del mundo. Los niños recaudaron dinero organizando ventas de cosas usadas, lavado de coches y ventas de pasteles. Pidieron donaciones a la gente. Recaudaron el dinero suficiente para ofrecer refugio y crear escuelas que alejaran a los niños de las fábricas. Craig llamó a su organización Free the Children (Liberen a los niños).

En la actualidad, Free the Children ha ayudado a abrir más de 100 escuelas y centros de recuperación para niños trabajadores en todo el mundo.

Su objetivo es lograr que todos los niños obtengan los derechos y libertades fundamentales. Es la red más grande a nivel mundial de niños que ayudan a niños.

La educación es la clave para vivir una vida mejor. Los niños que reciben educación crecen y se convierten en líderes, maestros, buenos ciudadanos y mejores padres. La educación para todos los niños de todas partes será lo que pondrá fin al trabajo infantil.

Craig Kielburger con un estudiante.

Las fotografías que

Un hombre lucha por la justicia con imágenes.

Lewis Hine era maestro de escuela de Nueva York y fotógrafo. A principios del siglo XX, Hine recorrió los Estados Unidos tomando fotografías de niños que trabajaban. Exhibió sus fotografías y brindó charlas sobre la vida de los niños trabajadores. Sus palabras e imágenes conmocionaron al país. Otras personas se sumaron y comenzaron a protestar contra el trabajo infantil. Sus fotografías ayudaron a establecer leyes de trabajo más duras para el trabajo infantil.

Lewis Hine tomó esta fotografía de Michael McNelis de ocho años. El niño fue hallado vendiendo periódicos durante una tormenta, a pesar de haberse recuperado recién de un segundo ataque de neumonía. Los niños que vendían periódicos en la calle ganaban cerca de treinta centavos por día.

Los "newsies" (repartidores de periódicos), como se los llamaba, por lo general eran niños sin hogar y extremadamente pobres, pero eran un grupo de niños muy valientes. En 1899, miles de niños vendedores de periódicos hicieron una huelga en reclamo de más dinero. Uno de los huelguistas, llamado Kid Blink porque era ciego de un ojo, dio este discurso a la multitud.

"Amigo y compañero de trabajo: Esto' son momento' que ponen a prueba nuestra valentía. Este s'el momento que tenemo' que mantenerno' junto' como si tuviéramo' pegados.... Sabemos lo que queremo' y lo conseguiremo' aunque seamo' ciego".
— *"NEWSIE" KID BLINK*

cambiaron una nación

Medía 1,30 m y había estado trabajando en la hilandería durante un año. A veces trabajaba de noche. Operaba cuatro máquinas por 48 centavos al día.

Cuando Lewis Hine le preguntó a esta niña obrera de la hilandería cuántos años tenía, ella no supo qué contestar. Luego dijo: "No me acuerdo". Más tarde agregó en secreto: "No tengo edad para trabajar, pero igual lo hago".

Los niños y los padres solían mentir acerca de la edad del menor para obtener empleo. Las familias pobres necesitaban el dinero adicional y todos los miembros del hogar debían trabajar. Había leyes que limitaban la cantidad de horas que un niño podía trabajar, pero los niños menores de diez años solían trabajar doce horas por día.

La industria pesquera empleaba a todos los miembros de la familia salvo a los bebés más pequeños. El trabajo podía empezar a las 3:30 de la mañana y terminar a las 5:00 de la tarde. Los niños usaban filosos cuchillos para abrir y sacar las ostras de sus conchas y cortar pescado. Los pisos y bancos resbaladizos, además de los choques con otros trabajadores, aumentaban el riesgo de accidentes. "El agua salada se mete en los tajos y duele", dijo un niño. También había mal olor.

¡Viva la escuela!

Responde estas preguntas sobre los niños que dejan el trabajo para ir a la escuela.

 Indica dos cosas que cambiaron la vida entre el siglo XIX y el siglo XX.

 ¿Qué clase de trabajo hacían los niños en las granjas? ¿De qué manera cambió el trabajo para los niños cuando comenzaron a trabajar en las fábricas?

 ¿En qué se diferenciaban las escuelas comunes de las escuelas públicas?

 ¿Cómo ayudaron a proteger a los niños trabajadores las leyes laborales de 1938?

5 ¿En qué se parecen los puntos de vista de la autora acerca de Iqbal en la página 8 y acerca de los "newsies" en la página 10? ¿En qué se diferencian esos puntos de vista?